LE
Roman Comique
DE
SCARRON

PEINT PAR

J.-B. PATER ET J. DUMONT LE ROMAIN
Peintres du Roi

RÉDUIT D'APRÈS LES GRAVURES AU BURIN

DE

SURUGUE PÈRE ET FILS, BENOIT AUDRAN, EDME JEAURAT
LÉPICIÉ, G. SCOTIN
Graveurs du Roi

PAR

M. TIBURCE DE MARE

Et accompagné de Notices explicatives

PAR M. ANATOLE DE MONTAIGLON

PARIS
P. ROUQUETTE, LIBRAIRE
55, Passage Choiseul, 55
—
M DCCC LXXXIII

J.-B. PATER ᴇᴛ J. DUMONT

———

Le Roman Comique

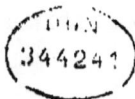

JUSTIFICATION DES TIRAGES DE LUXE

150 exemplaires sur papier du Japon.
  25   —   —   de Chine.
 200   —   —   vergé français.
 200   —   —   vélin à la cuve.

Tous ces exemplaires sont numérotés et paraphés par l'Éditeur

LES GRAVURES ONT ÉTÉ TIRÉES PAR M. BRILLET

N°

Perenne del.

T. de Mare sc

SCARRON

LE
ROMAN COMIQUE

DE

SCARRON

PEINT PAR

PATER ET J. DUMONT LE ROMAIN

RÉDUIT ET GRAVÉ PAR

T. DE MARE

PARIS
P. ROUQUETTE, ÉDITEUR
55 ET 57, PASSAGE CHOISEUL
1883 .

LE
Roman Comique

DE

SCARRON

PEINT PAR

J.-B. PATER et J. DUMONT LE ROMAIN
Peintres du Roi

RÉDUIT D'APRÈS LES GRAVURES AU BURIN

DE

SURUGUE PÈRE ET FILS, BENOIT AUDRAN, EDME JEAURAT
LÉPICIÉ, G. SCOTIN
Graveurs du Roi

PAR

M. TIBURCE DE MARE

Et accompagné de Notices explicatives

Par M. Anatole de MONTAIGLON

PARIS

P. ROUQUETTE, LIBRAIRE
55, Passage Choiseul, 55

—

M DCCC LXXXIII

PRÉFACE

ES vers de Scarron, le créateur et l'Empereur du Burlesque, ne sont plus qu'une curiosité littéraire et historique. On lit encore un peu sa grossière, mais amusante comédie de *Don Japhet d'Arménie,* un peu moins ses Nouvelles à l'Espagnole, bien que l'une d'elles, *la Précaution inutile,* ne soit étrangère ni à l'*École des maris* de Molière, ni au *Barbier de Séville* de Beaumarchais, et que le *Tartuffe* doive aussi quelque chose à celle dont Montufar est le héros, mais on lit toujours son roman inachevé. L'épopée provinciale de sa Troupe Comique ne vit pas par les histoires sentimentales qui la coupent à l'imitation de *Don Quichotte* et qui ont fait son succès auprès des belles dames de son temps, mais par la gaieté communicative de ses peintures prises sur le vif et par sa qualité contemporaine. C'est le meilleur roman bourgeois du xviiᵉ siècle, et il n'a pas peu contribué, mieux que par des attaques directes, à dégonfler les ballons des bergeries à la d'Urfé et des préciosités à la Romaine.

Dans son genre, c'est une œuvre maintenant classique, qui s'est mise à son rang et qui n'en descendra plus.

Aussi n'est-il pas étonnant que le xviiie siècle, qui l'a gardée, lui ait fait, sinon les honneurs de la tapisserie, au moins ceux de l'illustration, non seulement dans le livre, mais, d'une façon plus considérable, dans plusieurs suites de compositions. Ce ne sont pas, en effet, les livres qui remporteraient le prix.

Les trois petites planches de Baquoy d'après de Sève, pour l'édition des Œuvres en dix volumes in-18, publiée à Paris par Pissot en 1752, et les six planches de Folkema d'après Pater et Dubourg, pour une autre édition des Œuvres, publiée la même année à Amsterdam par Westein en sept volumes petit in-12, ne sont forcément que des vignettes.

L'édition séparée du *Roman comique,* publiée à Paris par l'Imprimerie Didot jeune en 1796, en trois volumes in-8°, est illustrée de quinze compositions de Le Barbier, dont les dessins, les eaux-fortes et les avant-lettres existent dans un exemplaire autrefois possédé par M. de La Bédoyère et passé, à sa seconde vente de 1862, dans la bibliothèque de M. Rattier. Le talent froid et guindé de Le Barbier, une des nébuleuses du chemin de Louis David, était peu fait pour se plier à la réalité fantaisiste de la Troupe ambulante; Ragotin, La Rancune et la Bouvillon étaient trop en dehors de l'Olympe de l'École.

Enfin il a paru de nos jours, en 1857, dans les collections à bon marché de Bry, un *Roman comique* en deux volumes in-8°, illustrés de bois dans le texte d'après les dessins de M. Frère. Ils sont moins connus qu'ils ne le méritent, car ils sont souples, gais et d'une improvisation facile, à la suite du goût des croquis de Tony Johannot; mais la gravure, comme il arrive aux publications de ce genre, en est bien hâtivement inégale, et, comme livre, le *Roman comique* attend encore son illustrateur.

Les suites faites en dehors, et qui prouvent la continuité de son succès, n'ont pas de peine à tenir la tête, et il y en a trois bien différentes.

L'une est une série de tableaux, d'un pinceau sombre et d'un dessin sommaire, mais d'une composition adroite, spirituelle et à l'effet, brossés dans le premier tiers du XVIII° siècle par un peintre provincial fort inconnu, nommé Coulon, pour le salon du château de la famille de Tessé dans le Maine. Bien qu'elle ne soit pas contemporaine, c'est certainement, malgré ses incorrections et ses lourdeurs, celle qui est le plus dans le sens et dans le ton des bouffonneries et des extravagances du *Malade de la Reine*.

Les deux autres grandes suites sont l'une à l'eau-forte et l'autre au burin.

Celle d'Oudry, qu'on connaît trop peu, date de la fin de sa jeunesse, quand il était encore un portraitiste et un peintre d'histoire, — c'est en cette qualité qu'en 1717 et 1719 il fut agréé et reçu à l'Académie, — et avant qu'il n'eût trouvé sa spécialité de peintre de chiens et d'animaux. « C'est à cette époque, » dit très bien M. Roger Portalis dans ses *Dessinateurs d'illustrations au dix-huitième siècle* (1877, II, 481), « qu'il dessine et grave à l'eau-forte cette étourdissante suite pour le *Roman comique* de Scarron, où les gais épisodes des malheurs burlesques de Ragotin, les faits et gestes de La Rapinière, de La Rancune et du Destin sont gravés si librement et avec tant d'entrain. La grande planche du *Renouvellement du combat, où deux servantes reçoivent des claques sur les fesses,* est pleine de gaieté et de mouvement. La suite entière se compose de trente-huit morceaux, mais Oudry n'en a gravé lui-même que vingt-trois. Ce sont ces pièces qui se trouvent au Cabinet des Estampes accompagnées souvent d'une contre-épreuve rehaussée d'encre de Chine, probablement par l'auteur lui-même. » Ce qui prouve l'extrême rareté de la suite d'Oudry, c'est que M. Robert-Dumesnil, dans le second volume de son *Peintre-graveur français,* publié en 1836, dit n'avoir pas vu et, par suite, ne décrit que douze eaux-fortes d'Oudry (pages 201-5, n°° 55-66). M. Roger Portalis (II, 488), a relevé qu'à la vente de Neyman, en 1776, vingt et un ans après la mort de l'artiste, deux de ses dessins in-quarto pour le *Roman comique* se sont vendus 173 livres.

La troisième suite est celle des grandes planches, d'une dimension moyenne de 26 à 27 centimètres de hauteur sur une largeur de 36 à 37, qui ont été gravées au burin d'après des compositions de Pater et de Dumont. Jusqu'à la production d'une preuve, il faut les appeler des compositions, car le *pinxit,* gravé au bas des planches, peut ne se rapporter, comme si souvent, qu'à l'invention. En effet, l'on ne signale, ni dans les collections des musées, ni dans les ventes du dernier siècle et de celui-ci, aucun tableau peint de Pater qui appartienne à cette suite, alors que ses toiles ont encore et ont toujours eu assez de valeur pour ne pas passer inaperçues. Les modèles des gravures ont donc été probablement de grands dessins au crayon, peut-être légèrement lavés.

Si Watteau avait encore été vivant, mais il était mort depuis 1721, il est probable que Surugue se serait adressé au maître; à son défaut, il est naturel qu'il ait demandé ce travail à celui qui, tout en les affaiblissant, continuait son genre et sa tradition. Ce n'est pas du vrai Scarron, et, sous ce rapport, Coulon est plus juste, Oudry plus vif et plus varié. Pater, toujours un peu froid et compassé, a été dans son propre sens; il a été moins comique, mais plus élégamment et plus joliment poli; il a habillé ses personnages, non pas à la mode de Louis XIII, mais à celle de la Régence. L'archéologie pittoresque n'était pas le fait de son temps, et comme, malgré tous les soins, elle est toujours plus ou moins inexacte et qu'il s'y glisse toujours quelque chose de contemporain, il serait d'autant plus injuste de reprocher à Pater de ne pas être sorti de sa manière que ses compositions sont en général heureusement aisées, et même moins infidèles à Scarron qu'il ne l'a été à La Fontaine dans ses compositions sur les *Contes,* dont les Deux Amis, au lieu d'être des hommes, sinon vieux, au moins plus que faits, puisqu'ils se renvoient de l'un à l'autre la paternité de la grande fillette dont ils sont amoureux, sont chez lui des Léandres à leur aurore, et qui, en réunissant leurs âges, n'arriveraient pas à la quarantaine. Il n'a fait en somme ni du La Fontaine ni du Scarron; il n'a fait que du Pater, et le Pater a son intérêt et son prix.

Les sujets sont au nombre de seize, sur lesquels quatorze sont de

Pater et deux seulement, le quatrième et le onzième, d'un autre artiste. A un moment, ses prétentions, — on sait qu'il était plus qu'intéressé, — ont-elles paru trop fortes à Surugue et se serait-il adressé à un artiste moins exigeant? Peut-être la suite, qui a été longue à paraître, et dont les planches ont dû être mises en vente à mesure de leur achèvement, devait-elle originairement être plus nombreuse, car il y manque plus d'une scène très capable d'être le thème et le motif d'une composition? Ce sont questions insolubles, mais il est certain que Surugue a fait travailler Dumont du vivant de Pater, puisque, sur les deux seules planches qui portent une date se rapportant aux inventeurs, si l'une, la quatrième, qui est de Pater, est datée de 1727, la onzième, qui est de Dumont, est datée de 1728, alors que Pater n'est mort qu'en 1736.

Le moins célèbre aujourd'hui, Jacques Dumont, dit le Romain, à cause de son séjour à Rome, lui a survécu longtemps, puisqu'il n'est mort qu'en 1781, à l'âge de quatre-vingt et un ans. Il a surtout fait de grands tableaux d'histoire, qui ont sombré. Il était, à l'occasion, capable de se tirer de sujets plus humains et plus familiers. Ses deux compositions pour le *Roman comique* et les gravures de quelques autres, prises dans la vie réelle, en sont la preuve, et son souvenir se trouverait mieux aujourd'hui d'avoir fait un peu moins de grand art et un peu plus de petit.

Quant aux dates de la gravure, — absentes sur les deuxième, quatrième, huitième et onzième planches, — elles commencent à 1729, date de la première. La troisième et la sixième sont datées de 1730, la cinquième de 1731, les septième et dixième de 1732, les douzième et treizième de 1733, les quatorzième et quinzième de 1735, la seizième, après un intervalle d'au moins deux ans, de 1738, et enfin la neuvième de 1739, trois ans après la mort de Pater.

Il ne paraît pas y avoir jamais eu de titre gravé, ou imprimé typographiquement, pour servir d'en-tête à leur suite. Le bel exemplaire de M. Paillet, — c'est celui qui a servi de modèle à M. de Mare pour ses réductions, — a, comme titre, un feuillet où on lit, imprimé à la brosse et avec de l'encre ordinaire, au moyen de caractères percés :

« Le *Roman comique* de Scarron peint par Dumont et Pater, Peintres du Roy, et gravé par MM. Surugue père et fils, L'epici' et
Audran, graveurs du roy (ici les armes de France, timbrées de la cou-
ronne fermée). A Paris, chez L. Surugue, rue des Noyers, attenant le
Magasin de papier. C. P. R. (*Cum privilegio Regis.*) »

Sur quelques-unes des planches, ce qui était nécessaire à cette
époque où le numérotage des maisons n'existait pas encore, l'adresse
de la maison de Surugue, dans la rue des Noyers, qui est dans le quar-
tier Saint-Jacques, celui de l'Université et des Libraires, est encore plus
explicite, à cause évidemment de l'absence d'une enseigne. Ce n'est
pas seulement « attenant le Magasin de papier », mais « à l'entrée de
la rue des Noyers, entre les deux premières portes cochères, vis-à-vis
le mur de Saint-Yves ». Avec de pareilles indications, il aurait fallu
être bien maladroit pour ne pas trouver la boutique de Surugue.

Le plus grand nombre est de l'éditeur, Louis Surugue le père, qui
n'en a pas fait moins de sept, les première, troisième, quatrième,
sixième, dixième, onzième et treizième. Son fils, Pierre Surugue, dont
le burin ne vaut pas le sien, est indiqué comme en ayant gravé entiè-
rement une, la quatorzième, et en ayant terminé deux, la troisième et
la seizième. Mais il y a deux graveurs que n'indique pas le titre de
l'exemplaire de M. Paillet. Avec le peintre Bernard Lépicié, alors très
jeune, qui a gravé la douzième et la quinzième planches, avec le dernier Benoît Audran, qui a gravé la huitième, il y a Gérard Scotin, qui
a gravé la cinquième, et Jeaurat, qui a gravé la seconde et la septième.
Edme Jeaurat, qui a été surtout peintre, est l'un des meilleurs *bour-
geoisistes* du xviii° siècle ; j'aurais dit *naturalistes,* si le mot n'était
mis aujourd'hui à tant de sauces qu'on ne sait plus ce qu'il veut dire.

Dans la table finale, on verra la transcription fidèle, — même jusqu'aux fautes d'orthographe si habituelles aux graveurs de lettres, —
des anciens titres des planches et de leurs indications de peintre et de
graveur. On a seulement omis les variantes de l'adresse de Surugue,
donnée plus haut, et aussi les renvois aux deux tomes d'une ancienne
édition du *Roman comique,* qui n'est pas spécifiée ; il valait mieux

renvoyer aux Parties, qui existent en elles-mêmes et sont indépen-
dantes de n'importe quelle édition. Par contre, on a ajouté une numé-
rotation générale, de I à XVI, dans l'ordre successif des sujets, pour
permettre de classer les planches, aussi bien celles de cette publication
que les anciennes, qui sont sans numéros.

Un dernier mot sur le texte fort simple des notices explicatives
mises au-dessous de chaque planche. Comme le plus souvent il a été
impossible de transcrire le texte entier de Scarron, tantôt parce qu'il
était trop long, tantôt parce qu'il se trouvait avoir trop de détails étran-
gers à la planche, on s'est au moins efforcé, dans l'obligation où l'on
était d'en faire un nouveau qui restât dans la mesure de la demi-page,
de se servir le plus possible des propres termes de Scarron.

!

ARRIVÉE DE LA TROUPE COMIQUE DANS LA VILLE DU MANS

Première Partie. — Chapitre Premier.

LA charrette des Comédiens, attelée de bœufs et d'une jument
poulinière, dont le poulain va et vient comme un petit fou,
arrive aux Halles du Mans et passe devant le *Tripot de la
Biche*, reconnaissable à son enseigne. Les coffres, les malles,
les gros paquets de toiles peintes et les châssis de décors
forment sur la charrette une pyramide, au haut de laquelle
est juchée comme une poule Mademoiselle La Caverne, habillée
moitié ville et moitié campagne. A côté de la charrette, le vieux La Rancune,
s'appuyant sur une canne et courbé sous le poids d'une grosse basse de viole, a
l'air d'une tortue dressée sur ses pattes de derrière. Devant lui, le jeune Destin,
aussi pauvre d'habits que riche de mine, un grand emplâtre sur l'œil, coiffé
d'un bonnet de nuit entortillé de jarretières, ayant pour pourpoint une casaque
de grisette ceinte d'une courroie et traversée en diagonale d'une bandoulière de
petits oiseaux, triomphalement terminée par une poule et un oison, chaussé, au
lieu de souliers, de vieux brodequins à l'antique, usés et crottés de boue, a sur
l'épaule un long fusil. La Rapinière, Lieutenant du Prévôt, le chapeau sur la tête,
l'épée au côté et tenant un grand pistolet contre sa ceinture, l'arrête avec une
autorité de Magistrat et lui demande quelles gens ils sont.

Pater pinx. T. de Mare sc.

2

LA COMÉDIE INTERROMPUE ET LA BATAILLE DU TRIPOT

Première Partie. — Chapitre III.

OMME La Caverne, en sa robe ordinaire, et La Rancune et Destin, dans les habits donnés par La Rapinière, jouaient, à l'improviste et en s'étant chargés chacun de plusieurs rôles, la fameuse Tragédie de la *Marianne* de Tristan l'Hermite dans une chambre haute du Tripot, les deux jeunes gens de la Ville, qui jouaient à la paume et n'avaient plus trouvé leurs habits, se précipitent, l'un sur La Rancune et l'autre sur Destin. La Maîtresse du Tripot, qui voyait rompre ses meubles, emplit l'air de cris pitoyables, et deux Capucins, accourus au bruit, arrivent à grand' peine à mettre le holà et à séparer les combattants.

Pater pinx.   T. de Mare sc.

3

AVENTURE NOCTURNE DE LA CHÈVRE DANS LA MAISON DU SIEUR LA RAPINIÈRE

Première Partie. — Chapitre IV.

L A Rapinière, à la poursuite de sa Femme qu'en se réveillant il n'avait pas trouvée à côté de lui, se jette, en croyant l'atteindre, sur une grosse chèvre qui allaitait dans la maison les petits d'une chienne, morte en couches, et qui se débat contre lui. Toute la maison accourt à ses cris, la Servante avec une lampe, La Rancune et le Valet en chemises sales, La Caverne en méchante jupe, Destin en chemise, en bonnet de nuit et l'épée à la main, et jusqu'à la maigre Mademoiselle de la Rapinière, son chandelier à la main, descendue la première en chemise pour aller où les Rois ne vont qu'en personne.

4.

MALHEUR DE RAGOTIN DANS LA CHAMBRE DES COMÉDIENNES

Première Partie. — Chapitre X.

PRÈS que le ridicule Ragotin eut fini de raconter l'Histoire de l'*Amante invisible,* un jeune homme de la Ville lui ayant dit qu'il l'avait prise dans un livre et le lui ayant arraché de la poche, le petit bout d'homme, s'étant jeté sur lui en furie, s'était trouvé, après toutes sortes de chutes et de gourmades, avoir son chapeau si bien enfoncé sur sa tête qu'il étouffait. Comme il avait été impossible de le lui ôter à cause de sa forme de pot à beurre, La Rancune, pour en dégager Ragotin, lui coupe sur la tête le malencontreux chapeau avec les ciseaux de La Caverne. Celle-ci est encore age-nouillée devant la grande malle ouverte où elle arrangeait les costumes et les acces-soires de la Troupe; dans le fond, Mademoiselle de l'Étoile, étendue sur un des deux lits à cause de son pied démis, et Angélique, assise à côté d'elle, assistent à la scène sans y prendre part.

T de Mare sc.

5

ARRIVÉE DE L'OPÉRATEUR A L'HOTELLERIE

Première Partie. — Chapitre XV.

N peu avant le souper des Comédiens, l'Opérateur Ferdinando Ferdinandi et son train s'arrêtent à l'hôtellerie. L'Opérateur, Gentilhomme Vénitien de Caen en Normandie, est déjà descendu de sa monture et parle à l'hôtelier; sa Femme, Dona Inezilla del Prado, est encore à cheval, comme leur vieille Servante Maure sur un âne. Un des deux Valets de l'Opérateur porte un drapeau; l'autre, qui a sur son dos un sac et une trompette, agace un petit singe, assis sur la croupe de l'âne de la Négresse. A gauche et à droite deux Servantes, dont l'une tirait de l'eau au puits et dont l'autre balayait les marches d'un petit perron, interrompent leur besogne pour regarder les nouveaux venus.

6

NOUVELLE DISGRACE DE RAGOTIN

Première Partie. — Chapitre XX.

OMME la Troupe se rendait en deux carrosses à la maison d'un riche Bourgeois à une lieue du Mans, pour y jouer la Comédie aux fêtes d'une noce, Ragotin, amoureux de Mademoiselle de l'Étoile, était allé l'attendre dans une Hôtellerie au bout du Faubourg. Quand les carrosses arrivèrent, il était monté à cheval; il avait, par maladresse, violemment éperonné la bête, et celle-ci, en ruant, le secoue si bien que le pauvre petit bout d'homme, tout hors de selle et les jambes empêtrées dans la carabine chargée dont il s'était affublé, se trouve la faire partir, à son grand effroi, comme à celui de l'Hôte et des Servantes.

Pater pinx.   T. de Mare sc

SUITE DU TRÉBUCHEMENT DE RAGOTIN,
ET QUELQUE CHOSE DE SEMBLABLE QUI ARRIVA A ROQUEBRUNE

Première Partie. — Chapitre XX.

A chute de Ragotin s'était passée à la vue des carrosses, « qui
« s'étoient arrêtés pour le secourir, ou plutôt pour en avoir le
« plaisir. Il pesta contre le cheval, qui ne branla pas depuis sa
« chute, et, pour le consoler, on le reçut dans l'un des carrosses.
« en la place du Poëte Roquebrune, qui fut bien aise d'être à
« cheval, pour galantiser à la portière où étoit Inézilla. Rago-
« tin lui résigna l'épée et l'arme à feu, qu'il se mit sur le corps
« d'une façon toute martiale. Il allongea les étriers, ajusta la bride, et se prit, sans
« doute, mieux que Ragotin à monter sur sa bête. Mais il y avoit quelque sort
« jeté sur le malencontreux animal. La selle, mal sanglée, tomba comme à Ragotin,
« et, ce qui attachoit ses chausses s'étant rompu, le cheval l'emporta quelque temps
« le pied dans l'étrier, l'autre servant de cinquième jambe au cheval, et les parties
« de derrière du Citoyen du Parnasse fort exposées aux yeux des assistants, ses
« chausses lui étant tombées sur les jarrets. »

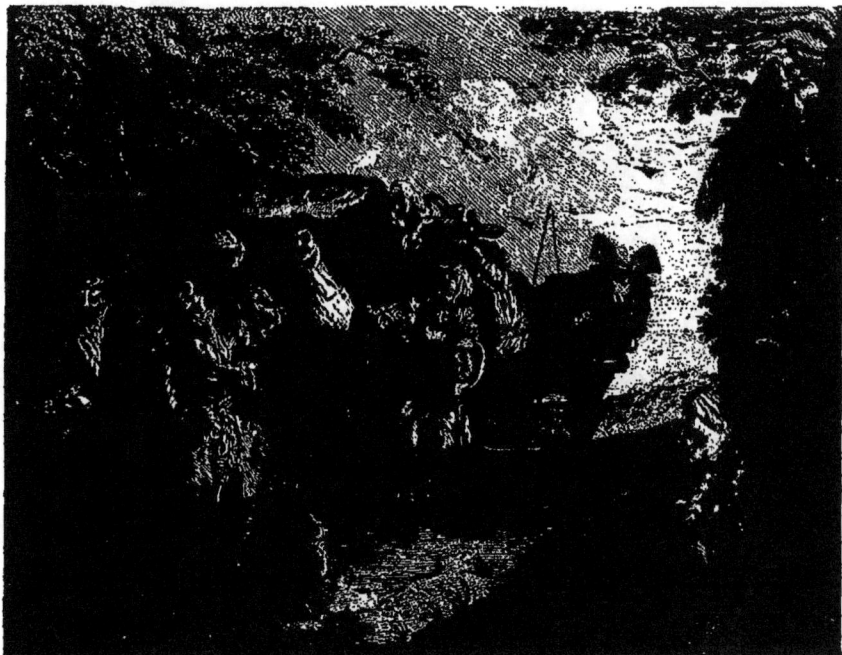

8

RAGOTIN DÉCLAMANT DES VERS DE THÉOPHILE

Seconde Partie. — Chapitre II.

ES Comédiens étant à la poursuite de Mademoiselle Angélique, Fille de La Caverne, enlevée à la place de Mademoiselle de l'Étoile, Ragotin, monté sur un mulet et accompagné de La Rancune et de L'Olive à pied, suit la route où Destin les a précédés. Malgré la gène que causent à Ragotin les grandes bottes de La Rancune, qu'il avait inconsidérément relevées, et qui, lui venant jusqu'à la ceinture, l'empêchent de plier ses petits jarrets, les compliments de ses compagnons sur son futur talent de Comédien le mettent en si belle humeur qu'il se prend à réciter de dessus son mulet des vers du *Pyrame et Thisbé* du poète Théophile. Des paysannes, l'une arrêtée, l'autre assise sur le bord de la route, et deux paysans, qui conduisaient une charrette chargée et faisaient le même chemin, crurent qu'il prêchait la parole de Dieu, le voyant déclamer comme un forcené, et, tandis qu'il récita, ils eurent toujours la tête nue et le respectèrent comme un Prédicateur de grands chemins.

9

LE PAUVRE RAGOTIN DANS UNE TOUFFE DE ROSIERS

Seconde Partie. — Chapitre VII.

AGOTIN, s'étant réveillé avec l'imagination que La Rancune venait de mourir subitement à côté de lui, et le voyant ensuite se promener dans la chambre, le prend pour un fantôme, et sa peur le fait s'enfuir dans le ardin de l'Hôtellerie. Léandre et Destin l'ayant suivi et l'ayant pris sous les bras pour le ramener dans la maison, Ragotin, voyant La Rancune se présenter pour entrer dans le jardin, « se défit de ceux qui le « tenoient et s'alla jeter, regardant derrière lui d'un air égaré, dans une grande « touffe de rosiers, où il s'embarrassa depuis les pieds jusqu'à la tête et ne put s'en « tirer assez à temps pour s'empêcher d'être joint par La Rancune. Ils le tirèrent à « trois hors de la touffe de rosiers où il s'étoit fourré. »

16

NOUVELLE DISGRACE DE RAGOTIN DANS L'HOTELLERIE

Seconde Partie. — Chapitre VII.

OMME « on entendit dans une chambre haute des hurlements,
« fort peu différents de ceux que fait un pourceau qu'on égorge
« et que celui qui les faisoit n'était autre que le petit Ragotin,
« le vieux Curé du Bourg, l'Étoile, La Rancune, L'Olive et les
« femmes de l'Hôtellerie coururent à lui et le trouvèrent tout
« à coup, à la réserve de la tête, enfoncé dans un grand coffre
« de bois qui servoit à ranger le linge de l'Hotellerie, et ce qu'il
« y avoit de plus fâcheux pour le pauvre encoffré, le dessus du coffre, fort pesant
« et massif, étoit tombé sur ses jambes et le pressoit d'une manière fort douloureuse
« à voir. Une puissante Servante, qui n'étoit pas loin du coffre quand ils entrèrent
« et qui leur paraissoit fort émue, fut soupçonnée d'avoir si mal placé Ragotin. La
« chose étoit vraie et elle en étoit toute fière, si bien que, s'occupant à faire un des
« lits de la chambre, elle ne daigna pas regarder de quelle façon on tiroit Ragotin
« du coffre. »

.J Dumont pinx 1728.   T. de Mare sc

|| .

CE QUI ARRIVA DU PIED DE RAGOTIN

Seconde Partie. — Chapitre VIII.

AGOTIN sorti du coffre et ayant voulu se lancer sur la Servante, L'Olive. l'en ayant empêché et ayant été injurié par lui, le porte tout brandi sur le lit et lui administre une bonne fessée. Ragotin. furieux. se jette à bas du lit si malheureusement que l'un de ses pieds entre dans un pot de chambre d'étain, laissé dans la ruelle, et y entra si avant que, ne l'en pouvant retirer à l'aide de son autre pied, il resta sans bouger, ce qui fit bien vite découvrir ce qui le faisait tenir immobile. Après de vains efforts pour se déga-ger, il se remit sur le lit, et un serrurier, appelé, lime le vase d'étain pour le dépo-ter du pied de métal que le petit homme s'était fait.

Pater pinx.   T. de Mare sc.

MADAME BOUVILLON S'ENFLAMME POUR DESTIN

AUTOUR de la table du souper de la compagnie arrivée le matin en carrosse, la petite nouvelle mariée, son jeune mari Monsieur Bouvillon, un Gentilhomme de la Province, la nonpareille Madame Bouvillon, la plus large, ronde, courte et ragote femme de France, et le Destin, invité par l'aimable Conseiller au Parlement de Rennes, Monsieur de La Garouffière, qui est assis à côté de lui. La grosse Madame Bouvillon n'a d'yeux que pour le jeune Comédien, tandis que tous les autres, même lui et les valets et servantes, regardent, en s'étonnant et en riant, l'assiette de Destin, où le prévenant Conseiller, qui finit par s'en apercevoir, et la trop sensible Madame Bouvillon ont enfaîté, à l'intention de Destin, une énorme pyramide d'ailes de poulet et de tranches de gigot.

:3

MADAME PUTIPHAR ET JOSEPH II

Seconde Partie. — Chapitre X.

PRÈS avoir ôté son mouchoir de cou, la grosse Bouvillon, assise sur le pied du lit, « étale aux yeux de Destin, qui n'y
« prend pas grand plaisir, dix livres de tetons pour le moins,
« c'est-à-dire la troisième partie de son sein, le reste étant dis-
« tribué à poids égal sous ses deux aisselles, s'écrie qu'elle a
« quelque petite bête dans le dos, et, se remuant en son har-
« nois comme quelqu'un qui a une démangeaison, prie Destin
« d'y fourrer la main. Le pauvre garçon le fait en tremblant, et cependant la Bou-
« villon, lui tâtant les flancs au défaut du pourpoint, lui demande s'il n'est pas
« chatouilleux. » Devant la cheminée, la petite table, à deux couverts, où la Bouvillon a fait dîner Destin.

14

COMMENT MADAME BOUVILLON EUT UNE BOSSE AU FRONT

Seconde Partie. — Chapitre X.

I. falloit combattre ou se rendre, quand Ragotin se fit enten-
« dre de la porte, frappant des pieds et des mains comme s'il
« l'eût voulu rompre, et criant à Destin qu'il ouvrît prompte-
« ment... La Bouvillon, ayant repris son mouchoir à la hâte,
« alla ouvrir à l'impétueux Ragotin, qui, en même temps,
« poussant la porte de l'autre côté de toute sa force, la fit
« donner si rudement contre le visage de la pauvre Dame
« qu'elle eut le nez écorché et de plus une bosse au front, grosse comme le poing.
« Elle cria qu'elle étoit morte. Le petit étourdi ne lui en fit pas la moindre excuse,
« mais sautoit et répétoit : *Mademoiselle Angélique est retrouvée : Mademoiselle An-*
« *gélique est ici.* »

Pater pinx.   T. de Mare sc.

45

LE DISCOURS DU CAPITAINE BOHÈME A RAGOTIN

Seconde Partie. — Chapitre XVI.

OMME Ragotin arrive, avec La Rancune et L'Olive, à sa petite maison de campagne, proportionnée à sa petitesse, il la trouve occupée par une Bande de Bohémiens. Le petit homme, fort colère, commence par les menacer du Prévôt du Mans, dont il se dit allié et, de La Rapinière, son Lieutenant, au nom duquel tout genou fléchissait; mais le Capitaine Bohème, son bonnet à la main, le fait enrager à force de lui parler civilement et avec l'effronterie de lui parler de sa bonne mine, « qui sentoit son Homme de « Qualité et ne le faisoit pas repentir d'être entré par ignorance dans un Château. « C'est ainsi que le scélérat appela sa maisonnette, qui n'étoit fermée que de haies. « Il ajouta encore que la Dame en mal d'enfant seroit bientôt délivrée du sien, et « que la petite troupe délogeroit, après avoir payé à son Fermier ce qu'il leur « avoit fourni pour eux et leurs bêtes. Ragotin se mouroit de dépit de ne pouvoir « quereller avec un homme qui lui rioit au nez et lui faisoit mille révérences ».

Pater pinx.   T. de Mare sc.

16

AVENTURE DE RAGOTIN AVEC DES RELIGIEUSES
ET AVEC LE PÈRE GIFLOT

Seconde Partie. — Chapitre XVI.

AGOTIN, nu et les mains liées derrière le dos, grâce au Fou qui l'avait dépouillé de tous ses habits, arrive à un gué, où il rencontre la vieille Abbesse d'Étival et ses Religieuses qui, par la faute de leur Cocher, avaient fait naufrage et que le Cocher et un Paysan avaient tirées de l'eau fort mouillées. Le Père Giflot, voyant Ragotin, fit tourner vitement le dos aux bonnes Mères, de peur d'irrégularité, criant à Ragotin de ne pas approcher. Ragotin, poussant en avant, commença d'enfiler une longue planche, mise là pour la commodité des gens de pied, et, poussant rudement le Révérend Père Giflot, « le fit choir dans l'eau. Le bon Prêtre entraîna avec lui le Cocher, le Cocher le « Paysan, et Ragotin trouva leur manière de tomber si divertissante qu'il en éclata « de rire et continua son chemin vers les Religieuses, qui, le voir baissé, lui tour- « nèrent le dos en haie, ayant toutes le visage tourné vers la campagne. »

TABLE

PREMIÈRE PARTIE

SECONDE PARTIE

CHAPITRE II

VIII. — *Ragotin déclame des vers; des paysans croyent qu'il presche.* = J. B. Pater pinx. — B. Audran sculp.

CHAPITRE VII

IX. — *Le Destin retire Ragotin où il s'étoit jeté en fuyant La Rancune, qu'il croyoit mort.* — J. B. Pater pinxit. — Terminé au burin par P. Surugue fil (*sic* 1739.

X. — *Ragotin retiré du Coffre où la Servante l'avoit enfermé.* = J. B. Pater pinxit. — Terminé par L. Surugue 1732.

CHAPITRE VIII

XI. — *Un Sérurier coupe le pot de chambre pour dégager le pied de Ragotin.* = J. Du Mont pinx. 1728. — L. Surugue sculp. Au coin gauche du bas on voit, sur les carreaux du plancher, les initiales et la date : L. S. 1728.

CHAPITRE X

XII. — *Piramide D'Ailes et de cuisses de Poulets élevée sur l'assiette du Destin par Mme Bouvillon.* = J. B. Pater pinxit. — Lépicié sculp. 1733.

CHAPITRE XI

XIII. — *Madame Bouvillon pour tenter Le Destin le prie de luy chercher une puce.* = J. B. Pater pinxit. — Terminé par L. Surugue en 1733.

XIV. — *Madame de Bouvillon ouvre la porte à Ragotin qui luy fait une bosse au front.* = J. B. Pater pinxit. — Petrus Surugue filius sculp. 1735.

CHAPITRE XVI

XV. — *Ragotin trouve des Bohémiens dans sa maison de Campagne.* = J. B. Pater. — Lépicié sculpsit 1735.

XVI. — *Ragotin pousse brusquement dans l'eau le Père Gifflot qui entraine le Cocher et le Paysan.* = J. B. Pater pinxit. — Terminé au burin par P. Surugue fils. 1738.

PARIS. — TYPOGRAPHIE GEORGES CHAMEROT, 19, RUE DES SAINTS-PÈRES. — 14822.

CONTES

ET

NOUVELLES EN VERS

PAR

JEAN DE LA FONTAINE

PRÉFACE DE M. ANATOLE DE MONTAIGLON

Nous croyons être agréable à MM. les Bibliophiles, amateurs d'Estampes et de Gravures, en leur annonçant cette publication dans un format commode; elle sera illustrée de 70 compositions d'après les dessins originaux d'Honoré Fragonard, Monnet, Touzé, Mallet, et de 5 figures inédites de Milius; nous donnerons en plus deux portraits, ainsi que 69 fleurons et culs-de-lampe tirés dans le texte.

Cet ouvrage formera 2 volumes in-8° en papier vélin fort, imprimé avec un très grand luxe par Hérissey, d'Évreux, en beaux caractères neufs; il sera publié en 5 fascicules, qui paraîtront d'ici fin janvier prochain.

Prix du fascicule pour les souscripteurs. . . . . **12 fr.** — Complet. **60 fr.**

Aussitôt la publication du cinquième fascicule, le prix du fascicule sera porté à **20 fr.** et celui de l'ouvrage complet à **100 fr.**

Un tirage spécial de 400 exemplaires sera exécuté sur papier de choix, numérotés à la presse, savoir :

	PRIX DU FASCICULE.	PRIX COMPLET.
100 sur papier des manufactures impériales du Japon, nos 1 à 100. .	60 fr.	300 fr.
50 sur papier de Chine extra fort, nos 101 à 150	50 fr.	250 fr.
50 sur papier Whatman, nos 151 à 200.	50 fr.	250 fr.
100 sur papier vergé français, nos 201 à 300.	40 fr.	200 fr.
100 sur papier vélin à la cuve, nos 301 à 400.	35 fr.	175 fr.

Les figures, vignettes et culs-de-lampe, qui doivent orner cette superbe publication, comprendront :

1° Un portrait de *La Fontaine*, d'après *Rigaud*, gravé à l'eau-forte par *Milius*.

2° Un portrait de *Fragonard*, d'après la miniature de *Mlle Gérard*, gravé par *Ricardo de Los Rios*.

3° Deux vignettes pour les titres, l'une empruntée à l'édition de 1795, l'autre dessinée par *Choffart*, et toutes deux gravées en réduction par *Ricardo de Los Rios*.

4° Soixante-neuf planches, d'après les dessins de *Fragonard, Touzé, Monet, Mallet* et *Milius*, ornant chaque conte de *La Fontaine*, et gravées par MM. *Lerat, Milius, de Los Rios* et *Mongin*.

5° Soixante-sept en-têtes et culs-de-lampe du dessin de *Choffart*, tirés sur les cuivres gravés d'après ses eaux-fortes, par *C. Boily*, pour l'édition de 1764.

Les exemplaires papier vélin, à 12 fr. le fascicule, contiendront les 69 planches ci-dessus désignées, et les deux portraits avec la lettre; ils contiendront aussi les deux vignettes de titre et les 67 culs-de-lampe, ou en-têtes, tirés dans le texte.

Les exemplaires sur japon, chine, whatman, vergé et vélin à la cuve, auront les gravures de *Fragonard, Monet, Touzé, Mallet* et *Milius*, les deux portraits et les deux vignettes des titres, *en double état*, avec et avant la lettre.

Avec le cinquième fascicule seront remises les couvertures des deux volumes, ainsi que les tables des gravures.

PARIS. — TYP. G. CHAMEROT, 19, RUE DES SAINTS-PÈRES. — 1883

www.ingramcontent.com/pod-product-compliance
Lightning Source LLC
LaVergne TN
LVHW052149080426
835511LV00009B/1749